Dieses Buch gehört:

1 1 1

3 3 3

4 4 4

6 6 6

7 7 7 7

11 11 11

12 12 12

13 13 13

14 14 14

15 15 15

16 16 16

17 17 17

18 18 18

19 19 19

20 20 20

21 21 21

23 23 23

24 24 24

25 25 25

26 26 26

1 1 1

2 2 2

3 3 3

5 5 5

6 6 6

9 9 9

10 10 10

12 12 12

13 13 13

15 15 15

16 16 16

17 17 17

18 18 18

19 19 19

20 20 20

21 21 21

23 23 23

24 24 24

25 25 25

26 26 26

Impressum:
Alexander Nguyen
baoalexandernguyen@gmail.com
72760 Reutlingen
Kruppstraße 41